ihappy

Mina känslor

Nalle Windahl

First edition

Förlag: BoD – Books on Demand, Stockholm, Sverige
Tryck: BoD – Books on Demand, Norderstedt, Tyskland

ISBN: 978-91-7969-816-4

Översikt

Inledning

Del I

Vad är en känsla?

Mitt kontrakt med mig själv

Några frågor och funderingar

15 veckors känsloidentifierande

Sammanfattning

Del II

Emotion till Imotion

Tio känslor att arbeta vidare med

Reflektioner

Del III

Känsloakuten – när det har låst sig

        En händelse

        Det är låst av okänd anledning

Äga dina känslor

Ytterligare tio känslor att jobba med – om du vill...

En gammal indian sa en dag till sitt barnbarn:

"Två vargar krigar inom oss alla. Den ena vargen är rädsla och hat och den andra vargen är kärlek och fred."

"Vilken vinner?" frågade barnbarnet.

Den gamle indianen svarade: "Den du matar!"

Inledning

Som du kanske läste på baksidan finns det några grundstenar att förhålla dig till, om du väljer att inte acceptera dem ens som tankemodeller är jag inte säker på att den här boken kommer ge dig så mycket, men jag hoppas givetvis att den kan göra det ändå.

Min rekommendation är att du reflekterar över följande saker innan du sätter igång med arbetet, för att få ut mesta möjliga av det arbete du nu åtar dig att utföra.

- Du har känslor, du är inte dina känslor.
- Alla känslor är värdefulla, välkomna och betydelsefulla.
- Det finns inget rätt eller fel sätt att känna, det viktiga *är* att känna!

Min förhoppning är att du kan närma dig resten av sidorna i den här boken med nyfikenhet och öppenhet. Tanken är att de tomma sidorna ska fyllas av dig för att återspegla dig, och ge dig nya insikter, tankar och perspektiv.

Även om jag skulle önska det, så passar den här typen av arbetsmetodik för egenarbete inte alla, men jag hoppas att du får ut något av det och att det passar just dig!

Väl mött och lycka till!

//Nalle

Del I

Vad är en känsla?

Det finns många teorier och modeller (både gamla beprövade och mer moderna) som beskriver och försöker kategorisera känslor, men min bild (som kanske ibland blir lite för förenklad) är att en känsla förmedlar något om den aktuella upplevelsen och ger impulser till lämpligt sätt att agera.

I vår kultur är känslor inte alltid accepterade eller beteenden som kommer av känslor. Detta leder i sin tur till att vi är många (mig själv inkluderat) som mer eller mindre stänger av känslorna, det vill säga låter bli att lyssna till det de förmedlar om den aktuella upplevelsen och/eller impulsen för att agera, helt eller delvis, för att istället agera utifrån tankar och intellektet.

Jag vill inte på något sätt säga att det är fel att agera utifrån tankar och intellektet, men min egen resa genom livet har lärt mig att livet blir så mycket härligare ju mer jag kommit i kontakt med mina känslor. (Och jobbigare på många vis, mer av allt liksom!)

Exempel på känslor:

Arg, bekymrad, ledsen, osäker, energisk, avslappnad, panikslagen, förvånad, olycklig, ängslig, förskräckt, nervös, tveksam, dyster, lugn, sur, bitter, inspirerad, likgiltig, spänd, angelägen, besviken, hoppfull, otålig, förvirrad, ointresserad, intresserad, belåten, ivrig, glad, överväldigad, missmodig, orolig, fascinerad, rörd, livlig, lycklig, trygg, stolt, nyfiken, tacksam, nöjd…

Ja, som du säkert förstår, inte en komplett lista över alla känslor som finns, utan just bara en massa exempel. Kanske är detta några du själv kommer möta längre fram i boken.

Mitt kontrakt med mig själv

Jag är fullt införstådd med att jag viger 15 veckor av mitt liv åt den här boken och processen som jag kommer att gå igenom.

Jag förstår att om jag avbryter processen kan det ge mig mindre eller inget alls i slutändan.

Jag är medveten om att den här processen kan vara jobbig och känslomässigt stormig att ta mig igenom, men jag är ändå fast besluten om att fullfölja mitt åtagande mot mig själv, för jag ser den långsiktiga vinsten med att genomgå den här utvecklingen.

Den tid och det engagemang jag investerar i mig själv kommer i det långa loppet att vara positivt för mig.

För att jag ska göra det tydligt att jag förbinder mig till mitt eget löfte ovan, skriver jag under med min egen namnteckning och datum nedan.

_____

_____

Datum

Några frågor och funderingar innan du börjar

Fråga: *Men vad händer om jag missar någon dag?*

Svar: *Det är helt upp till dig hur du vill göra och agera, det är ditt liv, ditt engagemang, dina prioriteringar mitt i ditt vanliga liv, men min rekommendation är att även om du missar en dag, fortsätt så mycket du kan och orkar! Har du väl startat processen är det bra att fullfölja den, även om du inte har varit 100% aktiv alla dagar. Det är en övning i att jobba med och lära dig av dina känslor, inte försöka vara mönsterelev!*

Fråga: *Kommer det här att vara en jobbig upplevelse för mig?*

Svar: *Det kommer att vara olika upplevelser för alla, helt beroende på vem du är. Det viktiga är att gå in i den här processen med ett öppet sinne och möta det du kommer möta med ett öppet sinne. Igen så är målet att du ska skapa en djupare relation till dina känslor och lära känna dig själv bättre.*

Fråga: *Kommer jag lära mig hantera alla mina känslor om jag gör allt i den här boken?*

Svar: *Nej, det tror jag inte. Men förhoppningsvis har du fått lära dig verktyg och har tankegångar som gör att du är fortsatt öppen för att lära dig mer om dina känslor och låta dem vara en aktiv del i ditt liv. Kanske till och med resten av ditt liv. Det är helt upp till dig.*

15 veckors känsloidentifierande - introduktion

Du kommer nu under 15 veckor att arbeta med dina känslor på olika sätt. Som en start. Efter de 15 veckorna fortsätter arbetet, både i den här boken, men framför allt, i dig.

Min rekommendation är att du varje kväll, eller möjligen sent på eftermiddagen, tar en stund för dig själv där du sätter dig ostört med den här boken och en penna och reflekterar över dagen. Om du är en person som behöver ha det inbokat i din kalender tillsammans med massor av andra aktiviteter, boka in det på en gång så du inte glömmer bort det. Är du en rutinmänniska (som jag), bestäm dig för att göra det som en del av en befintlig rutin, dricka kvällste, borsta tänderna eller vad som nu passar in i dina rutiner. För dig som bara bestämmer dig för att göra grejer när du känner för det och på någon magiskt vis lyckas få ihop tid till allt som du både behöver och önskar göra – grattis! – och lägg till en stund för dig själv med den här boken också.

Vecka 1 är en vecka för dig att bekanta dig med konceptet. Vecka 2 byggs det ut lite, ett moment läggs till, vecka 3-15 kommer se identiska ut ur metodikens perspektiv. Följer du instruktionerna och gör det varje dag kommer du ha 203 känslotillfällen att fortsätta arbeta med efter 15:e veckans avslut.

Om du vill ha en hint av hur du ska planera i tid så ser min tidsuppskattning ut ungefär så här:

- Vecka 1 – ca 5 minuter per dag
- Vecka 2 – ca 10 minuter per dag
- Vecka 3–15 – ca 15-20 minuter per dag
- Vecka 16 → en period av reflektion

Viktigast av allt: Ha kul, var ärlig och snäll mot dig själv och njut av processen – inget rätt eller fel! Nu är det äntligen dags att sätta igång!

Första veckan

> **Nytt:** en gång per dag, skriv ner en känsla som du har haft under dagen, vilken som helst. Kommer du på fler, skriv ned fler, men minst en. Exempel: Glädje, sorg, ilska, förväntan...

En känsla jag haft idag...

Dag 1: _____

Dag 2: _____

Dag 3: _____

Dag 4: _____

Dag 5: _____

Dag 6: _____

Dag 7: _____

Andra veckan

> **Nytt:** skriv ner *två* olika känslor du haft under dagen och beskriv situationen kring känslan lite kort.
>
> Exempel:
>
> Känsla: Glädje
>
> Situation: När jag fick en kram av min dotter.

Dag 1

Känsla: _____

Situation: _____

_____

Känsla: _____

Situation: _____

_____

Dag 2

Känsla: _____

Situation: _____

_____

Känsla: _____

Situation: _____

_____

Dag 3

Känsla: _____

Situation: _____

_____

Känsla: _____

Situation: _____

_____

Dag 4

Känsla: _____

Situation: _____

_____

Känsla: _____

Situation: _____

_____

Dag 5

Känsla: _____

Situation: _____

_____

Känsla: _____

Situation: _____

_____

Dag 6

Känsla: _____

Situation: _____

_____

Känsla: _____

Situation: _____

_____

Dag 7

Känsla: _____

Situation: _____

_____

Känsla: _____

Situation: _____

_____

Tredje veckan

Nytt: Fortsatt två känslor om dagen, fortsätt beskriv situationen kort, men lägg till en reflektion kring känslan och/eller situationen.

Exempel:

Känsla: Ledsen

Situation: Chefen sa inte tack för rapporten jag lämnade in, i tid och enligt instruktion, dessutom efter mycket jobb.

Reflektion: Jag visste inte att jag önskade mig bekräftelse eller uppmärksamhet i den situationen.

Känsla: Nyfikenhet

Situation: Det smusslas på kontoret och folk tittar efter mig och verkar avbryta saker när jag kommer in i rummet. Kan det ha med min födelsedag att göra?

Reflektion: Jag är rädd för att jag kan bli besviken om jag inte får någon uppvaktning på min födelsedag.

När du gör din reflektion, skriv det första som kommer upp och försök formulera det så konkret som möjligt. Det finns inget rätt eller fel, utan är just din reflektion knutet till den valda känslan och den beskrivna situationen.

Dag 1

Känsla: _____

Situation: _____

_____

Reflektion: _____

_____

Känsla: _____

Situation: _____

_____

Reflektion: _____

_____

Dag 2

Känsla: _____

Situation: _____

_____

Reflektion: _____

_____

Känsla: _____

Situation: _____

_____

Reflektion: _____

_____

Dag 3

Känsla: _____

Situation: _____

_____

Reflektion: _____

_____

Känsla: _____

Situation: _____

_____

Reflektion: _____

_____

Dag 4

Känsla: _____

Situation: _____

_____

Reflektion: _____

_____

Känsla: _____

Situation: _____

_____

Reflektion: _____

_____

Dag 5

Känsla: _____

Situation: _____

_____

Reflektion: _____

_____

Känsla: _____

Situation: _____

_____

Reflektion: _____

_____

Dag 6

Känsla: _____

Situation: _____

_____

Reflektion: _____

_____

Känsla: _____

Situation: _____

_____

Reflektion: _____

_____

Dag 7

Känsla: _____

Situation: _____

_____

Reflektion: _____

_____

Känsla: _____

Situation: _____

_____

Reflektion: _____

_____

Fjärde veckan

Nytt: Det är så klart helt valfritt, varje vecka, att välja vilka känslor du vill fokusera på och skriva ner, men några veckor framöver slänger jag in lite utmaningar för att få dig att tänka i olika banor när du reflekterar över dagen.

Utmaning: Vilka är de största känslorna under dagen, de som har påverkat dig mest, tagit upp mest av din tid eller tagit upp störst plats i ditt inre?

"Erfarenheten har lärt kloka män att låta logikens kompass bli justerad av känslans sol..."

- okänd

Dag 1

Känsla: _____

Situation: _____

_____

Reflektion: _____

_____

Känsla: _____

Situation: _____

_____

Reflektion: _____

_____

Dag 2

Känsla: _____

Situation: _____

_____

Reflektion: _____

_____

Känsla: _____

Situation: _____

_____

Reflektion: _____

_____

Dag 3

Känsla: _____

Situation: _____

_____

Reflektion: _____

_____

Känsla: _____

Situation: _____

_____

Reflektion: _____

_____

Dag 4

Känsla: _____

Situation: _____

_____

Reflektion: _____

_____

Känsla: _____

Situation: _____

_____

Reflektion: _____

_____

Dag 5

Känsla: _____

Situation: _____

_____

Reflektion: _____

_____

Känsla: _____

Situation: _____

_____

Reflektion: _____

_____

Dag 6

Känsla: _____

Situation: _____

_____

Reflektion: _____

_____

Känsla: _____

Situation: _____

_____

Reflektion: _____

_____

Dag 7

Känsla: _____

Situation: _____

_____

Reflektion: _____

_____

Känsla: _____

Situation: _____

_____

Reflektion: _____

_____

Femte veckan

Utmaning: Fokusera på små känslor den här veckan, sådana som lätt försvinner och skjuts undan av andra större känslor. De där som kan upplevas som en viskning inom dig mitt i vardagen.

När jag förtränger mina känslor håller magen räkningen.

– John Powell

Dag 1

Känsla: _____

Situation: _____

_____

Reflektion: _____

_____

Känsla: _____

Situation: _____

_____

Reflektion: _____

_____

Dag 2

Känsla: _____

Situation: _____

_____

Reflektion: _____

_____

Känsla: _____

Situation: _____

_____

Reflektion: _____

_____

Dag 3

Känsla: _____

Situation: _____

_____

Reflektion: _____

_____

Känsla: _____

Situation: _____

_____

Reflektion: _____

_____

Dag 4

Känsla: _____

Situation: _____

_____

Reflektion: _____

_____

Känsla: _____

Situation: _____

_____

Reflektion: _____

_____

Dag 5

Känsla: _____

Situation: _____

_____

Reflektion: _____

_____

Känsla: _____

Situation: _____

_____

Reflektion: _____

_____

Dag 6

Känsla: _____

Situation: _____

_____

Reflektion: _____

_____

Känsla: _____

Situation: _____

_____

Reflektion: _____

_____

Dag 7

Känsla: _____

Situation: _____

_____

Reflektion: _____

_____

Känsla: _____

Situation: _____

_____

Reflektion: _____

_____

Sjätte veckan

Utmaning: Vilka känslor har betytt mest för dig? Det kan både vara stora och små känslor. De som berört dig mest på djupet.

Ditt intellekt kan förvirra dig, men dina känslor ljuger aldrig för dig.

– Roger Ebert

Dag 1

Känsla: _____

Situation: _____

_____

Reflektion: _____

_____

Känsla: _____

Situation: _____

_____

Reflektion: _____

_____

Dag 2

Känsla: _____

Situation: _____

_____

Reflektion: _____

_____

Känsla: _____

Situation: _____

_____

Reflektion: _____

_____

Dag 3

Känsla: _____

Situation: _____

_____

Reflektion: _____

_____

Känsla: _____

Situation: _____

_____

Reflektion: _____

_____

Dag 4

Känsla: _____

Situation: _____

_____

Reflektion: _____

_____

Känsla: _____

Situation: _____

_____

Reflektion: _____

_____

Dag 5

Känsla: _____

Situation: _____

_____

Reflektion: _____

_____

Känsla: _____

Situation: _____

_____

Reflektion: _____

_____

Dag 6

Känsla: _____

Situation: _____

_____

Reflektion: _____

_____

Känsla: _____

Situation: _____

_____

Reflektion: _____

_____

Dag 7

Känsla: _____

Situation: _____

_____

Reflektion: _____

_____

Känsla: _____

Situation: _____

_____

Reflektion: _____

_____

Utmaning: Det finns många känslor som flödar genom dig under en dag, vissa av dem är lite obekväma. Vilka är det? Försök hitta dem och välkomna dem den här veckan!

Precis som din bil går bättre och jämnare och behöver mindre energi för att gå snabbare och längre när hjulen är helt balanserade, så fungerar du bäst när dina tankar, känslor, mål och värderingar är i balans.

– Brian Tracy

Dag 1

Känsla: _____

Situation: _____

_____

Reflektion: _____

_____

Känsla: _____

Situation: _____

_____

Reflektion: _____

_____

Dag 2

Känsla: _____

Situation: _____

_____

Reflektion: _____

_____

Känsla: _____

Situation: _____

_____

Reflektion: _____

_____

Dag 3

Känsla: _____

Situation: _____

_____

Reflektion: _____

_____

Känsla: _____

Situation: _____

_____

Reflektion: _____

_____

Dag 4

Känsla: _____

Situation: _____

_____

Reflektion: _____

_____

Känsla: _____

Situation: _____

_____

Reflektion: _____

_____

Dag 5

Känsla: _____

Situation: _____

_____

Reflektion: _____

_____

Känsla: _____

Situation: _____

_____

Reflektion: _____

_____

Dag 6

Känsla: _____

Situation: _____

_____

Reflektion: _____

_____

Känsla: _____

Situation: _____

_____

Reflektion: _____

_____

Dag 7

Känsla: _____

Situation: _____

_____

Reflektion: _____

_____

Känsla: _____

Situation: _____

_____

Reflektion: _____

_____

Utmaning: Vilka känslor har varit mest positiva under dagen?

Att känna tacksamhet utan att uttrycka det är som att slå in en present utan att ge bort den.

– William Arthur Ward

Dag 1

Känsla: _____

Situation: _____

_____

Reflektion: _____

_____

Känsla: _____

Situation: _____

_____

Reflektion: _____

_____

Dag 2

Känsla: _____

Situation: _____

_____

Reflektion: _____

_____

Känsla: _____

Situation: _____

_____

Reflektion: _____

_____

Dag 3

Känsla: _____

Situation: _____

_____

Reflektion: _____

_____

Känsla: _____

Situation: _____

_____

Reflektion: _____

_____

Dag 4

Känsla: _____

Situation: _____

_____

Reflektion: _____

_____

Känsla: _____

Situation: _____

_____

Reflektion: _____

_____

Dag 5

Känsla: _____

Situation: _____

_____

Reflektion: _____

_____

Känsla: _____

Situation: _____

_____

Reflektion: _____

_____

Dag 6

Känsla: _____

Situation: _____

_____

Reflektion: _____

_____

Känsla: _____

Situation: _____

_____

Reflektion: _____

_____

Dag 7

Känsla: _____

Situation: _____

_____

Reflektion: _____

_____

Känsla: _____

Situation: _____

_____

Reflektion: _____

_____

Nionde veckan

Utmaning: Under en dag så händer det mycket inom oss, och ibland har vi turen att få uppleva en känsla som vi längtar efter att få uppleva. Vilka känslor som du har längtat efter att få uppleva har du fått uppleva idag?

Utmaning 2: Fundera igenom din dag redan på morgonen, ungefär vad du tror kommer hända, vilka människor du kommer möta, och framför allt, vilka känslor du längtar efter att få uppleva i olika situationer, vem vet, kanske är det just de känslorna du längtar efter just idag som du får skriva om ikväll?

Våra känslomässiga symptom är värdefulla källor till liv och individualitet.

– Sir Thomas More

Dag 1

Känsla: _____

Situation: _____

_____

Reflektion: _____

_____

Känsla: _____

Situation: _____

_____

Reflektion: _____

_____

Dag 2

Känsla: _____

Situation: _____

_____

Reflektion: _____

_____

Känsla: _____

Situation: _____

_____

Reflektion: _____

_____

Dag 3

Känsla: _____

Situation: _____

_____

Reflektion: _____

_____

Känsla: _____

Situation: _____

_____

Reflektion: _____

_____

Dag 4

Känsla: _____

Situation: _____

_____

Reflektion: _____

_____

Känsla: _____

Situation: _____

_____

Reflektion: _____

_____

Dag 5

Känsla: _____

Situation: _____

_____

Reflektion: _____

_____

Känsla: _____

Situation: _____

_____

Reflektion: _____

_____

Dag 6

Känsla: _____

Situation: _____

_____

Reflektion: _____

_____

Känsla: _____

Situation: _____

_____

Reflektion: _____

_____

Dag 7

Känsla: _____

Situation: _____

_____

Reflektion: _____

_____

Känsla: _____

Situation: _____

_____

Reflektion: _____

_____

Tionde veckan

Utmaning: Om du förra veckan letade efter önskade känslor, så är denna veckas utmaning de oväntade känslorna. De som kom och överraskade dig i olika situationer.

Titta inte efter var du föll,
utan var du halkade.

– Afganskt proverb

Dag 1

Känsla: _____

Situation: _____

_____

Reflektion: _____

_____

Känsla: _____

Situation: _____

_____

Reflektion: _____

_____

Dag 2

Känsla: _____

Situation: _____

_____

Reflektion: _____

_____

Känsla: _____

Situation: _____

_____

Reflektion: _____

_____

Dag 3

Känsla: _____

Situation: _____

_____

Reflektion: _____

_____

Känsla: _____

Situation: _____

_____

Reflektion: _____

_____

Dag 4

Känsla: _____

Situation: _____

_____

Reflektion: _____

_____

Känsla: _____

Situation: _____

_____

Reflektion: _____

_____

Dag 5

Känsla: _____

Situation: _____

_____

Reflektion: _____

_____

Känsla: _____

Situation: _____

_____

Reflektion: _____

_____

Dag 6

Känsla: _____

Situation: _____

_____

Reflektion: _____

_____

Känsla: _____

Situation: _____

_____

Reflektion: _____

_____

Dag 7

Känsla: _____

Situation: _____

_____

Reflektion: _____

_____

Känsla: _____

Situation: _____

_____

Reflektion: _____

_____

Elfte veckan

Under 60-talet tror jag att människor
glömde bort vad känslor är för något.
Och jag tror inte de har kommit ihåg det än.

– Andy Warhol

Dag 1

Känsla: _____

Situation: _____

_____

Reflektion: _____

_____

Känsla: _____

Situation: _____

_____

Reflektion: _____

_____

Dag 2

Känsla: _____

Situation: _____

_____

Reflektion: _____

_____

Känsla: _____

Situation: _____

_____

Reflektion: _____

_____

Dag 3

Känsla: _____

Situation: _____

_____

Reflektion: _____

_____

Känsla: _____

Situation: _____

_____

Reflektion: _____

_____

Dag 4

Känsla: _____

Situation: _____

_____

Reflektion: _____

_____

Känsla: _____

Situation: _____

_____

Reflektion: _____

_____

Dag 5

Känsla: _____

Situation: _____

_____

Reflektion: _____

_____

Känsla: _____

Situation: _____

_____

Reflektion: _____

_____

Dag 6

Känsla: _____

Situation: _____

_____

Reflektion: _____

_____

Känsla: _____

Situation: _____

_____

Reflektion: _____

_____

Dag 7

Känsla: _____

Situation: _____

_____

Reflektion: _____

_____

Känsla: _____

Situation: _____

_____

Reflektion: _____

_____

Tolfte veckan

Var den du är och säg vad du tycker,
för de som bryr sig är oviktiga och de
som är viktiga bryr sig inte.

- Dr. Seuss

Dag 1

Känsla: _____

Situation: _____

_____

Reflektion: _____

_____

Känsla: _____

Situation: _____

_____

Reflektion: _____

_____

Dag 2

Känsla: _____

Situation: _____

_____

Reflektion: _____

_____

Känsla: _____

Situation: _____

_____

Reflektion: _____

_____

Dag 3

Känsla: _____

Situation: _____

_____

Reflektion: _____

_____

Känsla: _____

Situation: _____

_____

Reflektion: _____

_____

Dag 4

Känsla: _____

Situation: _____

_____

Reflektion: _____

_____

Känsla: _____

Situation: _____

_____

Reflektion: _____

_____

Dag 5

Känsla: _____

Situation: _____

_____

Reflektion: _____

_____

Känsla: _____

Situation: _____

_____

Reflektion: _____

_____

Dag 6

Känsla: _____

Situation: _____

_____

Reflektion: _____

_____

Känsla: _____

Situation: _____

_____

Reflektion: _____

_____

Dag 7

Känsla: _____

Situation: _____

_____

Reflektion: _____

_____

Känsla: _____

Situation: _____

_____

Reflektion: _____

_____

Känslor har alltid sin grund
i det omedvetna och
manifesterar sig i kroppen.

- Irene Claremont de Castillejo

Dag 1

Känsla: _____

Situation: _____

_____

Reflektion: _____

_____

Känsla: _____

Situation: _____

_____

Reflektion: _____

_____

Dag 2

Känsla: _____

Situation: _____

_____

Reflektion: _____

_____

Känsla: _____

Situation: _____

_____

Reflektion: _____

_____

Dag 3

Känsla: _____

Situation: _____

_____

Reflektion: _____

_____

Känsla: _____

Situation: _____

_____

Reflektion: _____

_____

Dag 4

Känsla: _____

Situation: _____

_____

Reflektion: _____

_____

Känsla: _____

Situation: _____

_____

Reflektion: _____

_____

Dag 5

Känsla: _____

Situation: _____

_____

Reflektion: _____

_____

Känsla: _____

Situation: _____

_____

Reflektion: _____

_____

Dag 6

Känsla: _____

Situation: _____

_____

Reflektion: _____

_____

Känsla: _____

Situation: _____

_____

Reflektion: _____

_____

Dag 7

Känsla: _____

Situation: _____

_____

Reflektion: _____

_____

Känsla: _____

Situation: _____

_____

Reflektion: _____

_____

Ingen kan vara nere med en ballong.

– Nalle Puh

Dag 1

Känsla: _____

Situation: _____

_____

Reflektion: _____

_____

Känsla: _____

Situation: _____

_____

Reflektion: _____

_____

Dag 2

Känsla: _____

Situation: _____

_____

Reflektion: _____

_____

Känsla: _____

Situation: _____

_____

Reflektion: _____

_____

Dag 3

Känsla: _____

Situation: _____

_____

Reflektion: _____

_____

Känsla: _____

Situation: _____

_____

Reflektion: _____

_____

Dag 4

Känsla: _____

Situation: _____

_____

Reflektion: _____

_____

Känsla: _____

Situation: _____

_____

Reflektion: _____

_____

Dag 5

Känsla: _____

Situation: _____

_____

Reflektion: _____

_____

Känsla: _____

Situation: _____

_____

Reflektion: _____

_____

Dag 6

Känsla: _____

Situation: _____

_____

Reflektion: _____

_____

Känsla: _____

Situation: _____

_____

Reflektion: _____

_____

Dag 7

Känsla: _____

Situation: _____

_____

Reflektion: _____

_____

Känsla: _____

Situation: _____

_____

Reflektion: _____

_____

Rädsla är vägen till den mörka sidan. Rädsla leder till ilska. Ilska leder till hat. Hat leder till lidande.

- Yoda

Dag 1

Känsla: _____

Situation: _____

_____

Reflektion: _____

_____

Känsla: _____

Situation: _____

_____

Reflektion: _____

_____

Dag 2

Känsla: _____

Situation: _____

_____

Reflektion: _____

_____

Känsla: _____

Situation: _____

_____

Reflektion: _____

_____

Dag 3

Känsla: _____

Situation: _____

_____

Reflektion: _____

_____

Känsla: _____

Situation: _____

_____

Reflektion: _____

_____

Dag 4

Känsla: _____

Situation: _____

_____

Reflektion: _____

_____

Känsla: _____

Situation: _____

_____

Reflektion: _____

_____

Dag 5

Känsla: _____

Situation: _____

_____

Reflektion: _____

_____

Känsla: _____

Situation: _____

_____

Reflektion: _____

_____

Dag 6

Känsla: _____

Situation: _____

_____

Reflektion: _____

_____

Känsla: _____

Situation: _____

_____

Reflektion: _____

_____

Dag 7

Känsla: _____

Situation: _____

_____

Reflektion: _____

_____

Känsla: _____

Situation: _____

_____

Reflektion: _____

_____

Sammanfattning

Wow! Bra jobbat! 15 veckor med fokus på dina känslor, imponerande! Om du har fyllt i alla känslor alla dagar har du namngett och identifierat 203 känslor! Du har kommit långt när du tagit dig hit, men det är lite jobb kvar… först en liten sammanfattning och uppsummering innan du går vidare in i Del II.

Vilken känsla

- kommer oftast?

  _____

- är jobbigast?

  _____

- förvånade dig?

  _____

- är lättast att hantera?

  _____

- vill du jobba vidare med mest?

  _____

- ger dig mest?

  _____

- försöker du undvika?

  _____

- förändrar ditt beteende mest?

  _____

- förväntade du dig skulle dyka upp, men uteblev?

  _____

- längtar du efter att få uppleva igen?

  _____

- är oftast reaktion på andras beteende?

  _____

- kan utveckla dig mest om du lyssnar på den?

  _____

- dyker upp som om den vore på autopilot?

  _____

Del II

127

From Emotion to IMotion

Liten ordlek på engelska. Emotion = Känsla, I = jag och Motion = rörelse. Översatt ungefär *från känsla till jag i rörelse.*

Den första delen i den här boken syftar till att du ska lära dig bli medveten om dina känslor, utveckla förmågan att sätta ett namn på dem. Kanske hitta samband mellan situationer de uppkommer och hur de påverkar dig och eventuellt ditt beteende.

Den andra delen syftar till att du ska vrida och vända på dina känslor, lära dig förstå dem så att du kan lyssna till det de försöker förmedla till dig.

Den här delen är inte tidsatt så som den första, eftersom jag anser att det är svårt att schemalägga reflektion. Avsätt gärna tid för ditt fortsatta arbete. En gång i veckan, varannan vecka, eller fortsätt med en gång om dagen som du gjort hittills, men försök att inte forcera dina tankar bara för att du "måste" prestera något och skriva. Låt processen ta tid.

Konsten att lära dig lyssna till dina känslor och låta dem guida dig är (enligt mig, Nalle) en livslång process och något som behöver få ta tid och utvecklas efter hand. Men när du väl börjat förstå dig på dina känslor får du (också enlig mig, Nalle) ett rikare och mer tillfredsställande liv som upplevs mer äkta och rikare än tidigare (enligt min, Nalle, egen erfarenhet).

Tyvärr kan jag inte lova dig någon enkel resa, eller en rak resa mellan punkt a och punkt b, utan förbered dig på att det kan vara en jobbig resa längs en krokig och backig väg, där du kanske inte alltid vet vad som finns runt nästa krök eller över nästa krön. Ibland är det uppförsbacke hela tiden och kanske är det oklart när du har kommit fram till resans slut, men som jag skrev ovan, jag tror det är en livslång process och ett livslångt berikande av ditt liv. Njut av resan så mycket du kan!

Tio känslor att arbeta vidare med

Nu har du kommit till den delen där du faktiskt ska få vrida och vända på dina känslor. Detta kan givetvis göras på många olika sätt och inte bara på de sätt som kommande sidor föreslår. Skulle det vara så att du hellre vill göra på något annat vis än föreslaget, stryk, ändra, byt ut, fixa och dona så att det passar dig!

Var och en av de frågorna som jag har valt passar just mig och mitt sätt att möta mina känslor, vilket inte alls är samma sak som att det passar dig, det är helt upp till dig hur du väljer att göra!

Min tanke är att först definiera känslan att arbeta vidare med, där efter att reflektera över lite olika saker knutet till just den känslan:

- Vad händer i mig när känslan kommer?
- Hur påverkar känslan mitt beteende?
  - o Tycker jag om mitt beteende eller vill jag ändra något kring mitt beteende?
- Vad är det bästa som skulle kunna hända om jag lyssnar på känslan och följer det den försöker förmedla till mig?
- Vad är det sämsta som skulle kunna hända om jag lyssnar på känslan och följer det den försöker förmedla till mig?
- Vad händer om jag inte lyssnar på känslan och inte följer det den försöker förmedla till mig?
- Vad ska jag vara uppmärksam på och försöka göra nästa gång känslan dyker upp?
- I vilka situationer har känslan hittills dykt upp?
  - o Vad kan jag göra för att påverka de situationerna?

Som tidigare, det finns inget rätt eller fel, det finns ditt sätt och andras sätt. Du ska göra på det sättet som passar dig och utvecklas i din takt på ditt vis. Ja, jag tjatar om det, men det är en viktig grundsten för mig, så du får stå ut med mitt tjat. ☺

129

Min första känsla _____

Vad händer i mig när känslan dyker upp?

_____

_____

_____

_____

_____

_____

_____

Hur påverkar känslan mitt beteende?

_____

_____

_____

_____

Tycker jag om mitt beteende eller vill jag agera på något annat vis?

_____

_____

_____

_____

Vad är det bästa som skulle kunna hända om jag lyssnar på känslan och följer det den försöker förmedla till mig?

_____

_____

_____

_____

_____

_____

_____

_____

Vad är det sämsta som skulle kunna hända om jag lyssnar på känslan och följer det den försöker förmedla till mig?

_____

_____

_____

_____

_____

_____

_____

_____

Vad händer om jag inte lyssnar på känslan och går emot det den
försöker förmedla till mig?

_____

_____

_____

_____

_____

_____

_____

Vad ska jag vara uppmärksam på och försöka göra nästa gång känslan dyker upp?

I vilka situationer har känslan hittills dykt upp?

_____

_____

_____

_____

_____

Vad kan jag göra för att påverka de situationerna?

_____

_____

_____

_____

_____

Min andra känsla _____

Vad händer i mig när känslan dyker upp?

_____

_____

_____

_____

_____

_____

_____

Hur påverkar känslan mitt beteende?

_____

_____

_____

_____

_____

Tycker jag om mitt beteende eller vill jag agera på något annat vis?

_____

_____

_____

_____

Vad är det bästa som skulle kunna hända om jag lyssnar på känslan och följer det den försöker förmedla till mig?

_____

_____

_____

_____

_____

_____

_____

_____

Vad är det sämsta som skulle kunna hända om jag lyssnar på känslan och följer det den försöker förmedla till mig?

_____

_____

_____

_____

_____

_____

_____

_____

Vad händer om jag inte lyssnar på känslan och går emot det den försöker förmedla till mig?

_____

_____

_____

_____

_____

_____

_____

_____

Vad ska jag vara uppmärksam på och försöka göra nästa gång känslan dyker upp?

_____

_____

_____

_____

_____

_____

_____

I vilka situationer har känslan hittills dykt upp?

_____

_____

_____

_____

Vad kan jag göra för att påverka de situationerna?

_____

_____

_____

_____

Min tredje känsla _____

Vad händer i mig när känslan dyker upp?

_____

_____

_____

_____

_____

_____

_____

Hur påverkar känslan mitt beteende?

_____

_____

_____

_____

_____

Tycker jag om mitt beteende eller vill jag agera på något annat vis?

_____

_____

_____

_____

Vad är det bästa som skulle kunna hända om jag lyssnar på känslan och följer det den försöker förmedla till mig?

_____

_____

_____

_____

_____

_____

_____

_____

Vad är det sämsta som skulle kunna hända om jag lyssnar på känslan och följer det den försöker förmedla till mig?

_____

_____

_____

_____

_____

_____

_____

_____

Vad händer om jag inte lyssnar på känslan och går emot det den försöker förmedla till mig?

_____

_____

_____

_____

_____

_____

_____

Vad ska jag vara uppmärksam på och försöka göra nästa gång känslan dyker upp?

_____

_____

_____

_____

_____

_____

_____

I vilka situationer har känslan hittills dykt upp?

_____

_____

_____

_____

Vad kan jag göra för att påverka de situationerna?

_____

_____

_____

_____

Min fjärde känsla _____

Vad händer i mig när känslan dyker upp?

_____

_____

_____

_____

_____

_____

_____

Hur påverkar känslan mitt beteende?

_____

_____

_____

_____

_____

Tycker jag om mitt beteende eller vill jag agera på något annat vis?

_____

_____

_____

_____

Vad är det bästa som skulle kunna hända om jag lyssnar på känslan och följer det den försöker förmedla till mig?

_____

_____

_____

_____

_____

_____

_____

Vad är det sämsta som skulle kunna hända om jag lyssnar på känslan och följer det den försöker förmedla till mig?

_____

_____

_____

_____

_____

_____

_____

_____

Vad händer om jag inte lyssnar på känslan och går emot det den försöker förmedla till mig?

Vad ska jag vara uppmärksam på och försöka göra nästa gång känslan dyker upp?

_____

_____

_____

_____

_____

_____

_____

I vilka situationer har känslan hittills dykt upp?

_____

_____

_____

_____

Vad kan jag göra för att påverka de situationerna?

_____

_____

_____

_____

Min femte känsla _____

Vad händer i mig när känslan dyker upp?

_____

_____

_____

_____

_____

_____

_____

Hur påverkar känslan mitt beteende?

_____

_____

_____

_____

_____

Tycker jag om mitt beteende eller vill jag agera på något annat vis?

_____

_____

_____

_____

Vad är det bästa som skulle kunna hända om jag lyssnar på känslan och följer det den försöker förmedla till mig?

Vad är det sämsta som skulle kunna hända om jag lyssnar på känslan och följer det den försöker förmedla till mig?

_____

_____

_____

_____

_____

_____

_____

Vad händer om jag inte lyssnar på känslan och går emot det den försöker förmedla till mig?

_____

_____

_____

_____

_____

_____

_____

_____

Vad ska jag vara uppmärksam på och försöka göra nästa gång känslan dyker upp?

_____

_____

_____

_____

_____

_____

_____

_____

I vilka situationer har känslan hittills dykt upp?

_____

_____

_____

_____

Vad kan jag göra för att påverka de situationerna?

_____

_____

_____

_____

Min sjätte känsla _____

Vad händer i mig när känslan dyker upp?

_____

_____

_____

_____

_____

_____

_____

Hur påverkar känslan mitt beteende?

_____

_____

_____

_____

_____

Tycker jag om mitt beteende eller vill jag agera på något annat vis?

_____

_____

_____

_____

Vad är det bästa som skulle kunna hända om jag lyssnar på känslan och följer det den försöker förmedla till mig?

_____

_____

_____

_____

_____

_____

_____

_____

Vad är det sämsta som skulle kunna hända om jag lyssnar på
känslan och följer det den försöker förmedla till mig?

_____

_____

_____

_____

_____

_____

_____

Vad händer om jag inte lyssnar på känslan och går emot det den försöker förmedla till mig?

_____

_____

_____

_____

_____

_____

_____

_____

Vad ska jag vara uppmärksam på och försöka göra nästa gång känslan dyker upp?

_____

_____

_____

_____

_____

_____

_____

I vilka situationer har känslan hittills dykt upp?

_____

_____

_____

_____

Vad kan jag göra för att påverka de situationerna?

_____

_____

_____

_____

Min sjunde känsla _____

Vad händer i mig när känslan dyker upp?

_____

_____

_____

_____

_____

_____

_____

Hur påverkar känslan mitt beteende?

_____

_____

_____

_____

_____

Tycker jag om mitt beteende eller vill jag agera på något annat vis?

_____

_____

_____

_____

Vad är det bästa som skulle kunna hända om jag lyssnar på känslan och följer det den försöker förmedla till mig?

Vad är det sämsta som skulle kunna hända om jag lyssnar på känslan och följer det den försöker förmedla till mig?

_____

_____

_____

_____

_____

_____

_____

_____

Vad händer om jag inte lyssnar på känslan och går emot det den försöker förmedla till mig?

_____

_____

_____

_____

_____

_____

_____

_____

Vad ska jag vara uppmärksam på och försöka göra nästa gång känslan dyker upp?

_____

_____

_____

_____

_____

_____

_____

I vilka situationer har känslan hittills dykt upp?

_____

_____

_____

_____

_____

Vad kan jag göra för att påverka de situationerna?

_____

_____

_____

_____

_____

Min åttonde känsla _____

Vad händer i mig när känslan dyker upp?

_____

_____

_____

_____

_____

_____

_____

_____

Hur påverkar känslan mitt beteende?

_____

_____

_____

_____

Tycker jag om mitt beteende eller vill jag agera på något annat vis?

_____

_____

_____

_____

Vad är det bästa som skulle kunna hända om jag lyssnar på känslan och följer det den försöker förmedla till mig?

_____

_____

_____

_____

_____

_____

_____

_____

Vad är det sämsta som skulle kunna hända om jag lyssnar på känslan och följer det den försöker förmedla till mig?

_____

_____

_____

_____

_____

_____

_____

_____

Vad händer om jag inte lyssnar på känslan och går emot det den försöker förmedla till mig?

_____

_____

_____

_____

_____

_____

_____

_____

Vad ska jag vara uppmärksam på och försöka göra nästa gång känslan dyker upp?

_____

_____

_____

_____

_____

_____

_____

_____

I vilka situationer har känslan hittills dykt upp?

_____

_____

_____

_____

Vad kan jag göra för att påverka de situationerna?

_____

_____

_____

_____

Min nionde känsla _____

Vad händer i mig när känslan dyker upp?

_____

_____

_____

_____

_____

_____

_____

Hur påverkar känslan mitt beteende?

_____

_____

_____

_____

_____

Tycker jag om mitt beteende eller vill jag agera på något annat vis?

_____

_____

_____

_____

Vad är det bästa som skulle kunna hända om jag lyssnar på känslan och följer det den försöker förmedla till mig?

_____

_____

_____

_____

_____

_____

_____

_____

Vad är det sämsta som skulle kunna hända om jag lyssnar på känslan och följer det den försöker förmedla till mig?

_____

_____

_____

_____

_____

_____

_____

_____

Vad händer om jag inte lyssnar på känslan och går emot det den försöker förmedla till mig?

_____

_____

_____

_____

_____

_____

_____

Vad ska jag vara uppmärksam på och försöka göra nästa gång känslan dyker upp?

_____

_____

_____

_____

_____

_____

_____

I vilka situationer har känslan hittills dykt upp?

_____

_____

_____

_____

_____

Vad kan jag göra för att påverka de situationerna?

_____

_____

_____

_____

_____

Min tionde känsla _____

Vad händer i mig när känslan dyker upp?

_____

_____

_____

_____

_____

_____

_____

_____

Hur påverkar känslan mitt beteende?

_____

_____

_____

_____

_____

Tycker jag om mitt beteende eller vill jag agera på något annat vis?

_____

_____

_____

_____

Vad är det bästa som skulle kunna hända om jag lyssnar på känslan och följer det den försöker förmedla till mig?

_____

_____

_____

_____

_____

_____

_____

Vad är det sämsta som skulle kunna hända om jag lyssnar på känslan och följer det den försöker förmedla till mig?

_____

_____

_____

_____

_____

_____

_____

_____

_____

Vad händer om jag inte lyssnar på känslan och går emot det den försöker förmedla till mig?

Vad ska jag vara uppmärksam på och försöka göra nästa gång känslan dyker upp?

_____

_____

_____

_____

_____

_____

_____

I vilka situationer har känslan hittills dykt upp?

_____

_____

_____

_____

Vad kan jag göra för att påverka de situationerna?

_____

_____

_____

_____

Reflektioner

Del III

Känsloakuten – när det har låst sig

Att hantera känslor, speciellt för den som är ovan, kan röra runt ordentligt i grytan och rätt som det är kan det låsa sig. Det är inget konstigt med det, tvärt om, helt naturligt. Lite som träningsvärk i en muskel som inte använts speciellt mycket tidigare och som plötsligt får börja jobba och belastas.

På efterföljande sidor följer två olika metoder som du själv kan använda för att lotsa dig igenom låsningen, men var inte rädd för att ta yttre hjälp om du upplever att du inte kommer framåt själv. Många gånger är det väl investerad tid, engagemang och pengar för att få hjälp av någon professionell. Sök i så fall hjälp hos psykolog, samtalsterapeut eller någon form av coach. Vad du upplever passar just dig i din situation och det du tror ger dig mest.

En del är rädda för att söka hjälp, men jag ser inget konstigt i att söka hjälp och guidning när det behövs. Ingen människa kan allt, alla människor behöver hjälp med olika saker i olika stadier i livet. Och när hjälp behövs, och finns att få, är det lämpligt att uppsöka den, snarare än att försöka knega på själv och potentiellt bli mer vilse eller slita onödigt på dina egna resurser och din egen energi.

Men som alltid är det helt upp till dig hur du vill göra och vilken väg du vill gå, för det är trots allt ditt liv och din väg du ska vandra genom det!

Den första av de två teknikerna som följer här är för en känslomässig låsning som orsakats av en situation, den andra när låsningen kommer utan uppenbar anledning.

Där efter följer en liten tanke om att du äger dina känslor och där sist i denna del av boken med tio bonus-mallar för att fortsätta arbetet med känslor.

Känslomässig låsning skapa av en händelse

Det här är en förenklad och anpassad variant av tekniken *debriefing*, som ofta används som en del av krishantering, oftast ett av de tidigaste stegen i hanteringen.

Kortfattat går stegen till så här:

1. Var utspelade sig händelsen och vad hände (objektiva fakta)?
2. Vad kände du knutet till respektive del i händelsen?
3. Acceptans.
4. Hur känner du nu i efterhand och vad kan du göra för att gå vidare?

Den här metoden kan du använda på många olika sätt, men ett förslag är att du skriver ner allt på ett papper eller i en skrivbok och att du delar sidan i två kolumner. På vänstersidan skriver du ner saker från punkt 1, på högersidan saker från punkt 2 och om du vill fortsätta skriva insikter och tankar vid punkt 3 och 4, gör det gärna på ett odelat papper.

Punkt 1 och 2 kommer direkt från debriefing metoden, delvis punkt 4 också. Punkt 3 och delvis 4 är aspekter hämtad ur studier som visar att känna (namnge) de egna känslorna och acceptera dem ger ett lättare sätt att hantera och förhålla sig till dem.

Nedan följer en liten beskrivning i exempelform hur den här metoden skulle kunna användas och appliceras på en händelse som har skapat en känslomässig låsning.

En händelse är ju nästan aldrig en enda sak, utan en serie av olika saker som tillsammans utgör händelsen.

Exempel punkt 1 – saklig information, objektiv

Var utspelar sig händelsen? På mitt kontor.

Beskrivning av händelseförloppet:

- Jag satt på min stol bakom skrivbordet och arbetade med ett informationsdokument.
- Kalle öppnade dörren utan att knacka och kom in på rummet utan att stänga dörren efter sig.
- Kalle var upprörd och sa med en hög röst med arg ton att jag hade förstört relationen till en av hans kunder genom mitt agerande.
- Jag frågade Kalle vilken kund det var han menade.
- Han fräste åt mig att det borde jag minsann veta, så oansvarigt och slarvigt som jag hade hanterat kunden.
- Jag sa inget och det blev några sekunders tystnad.
- Johan knackade lätt på dörrkarmen och stack in huvudet och frågade vad som stod på.
- Kalle fortsatte högljutt och ilsket att berätta att jag hade underminerat honom hos en av hans största kunder när jag hade hjälpt till i ett supportärende och nu ville inte kunden handla av oss längre. Allting var mitt fel.
- Jag förstod vilken kund det handlade om och protesterade med att säga att allt jag hade gjort var att förmedla kontakten mellan tillverkaren och kunden eftersom vi inte hade kunskap internt att hjälpa kunden lösa problemet.
- Kalle skrek på mig och sa att jag borde veta att vi aldrig låter våra kunder prata med leverantörerna.

- Jag protesterade igen och sa att det händer ofta, speciellt vid svårlösta problem där vi själva saknar kompetens att lösa situationen.
- Kalle sa till mig med en överlägsen ton att han i alla fall hade skickat ett mail till säljchefen och VD:n där han informerat om vad som hänt och tyckt att jag borde få sparken för att ha sett till att förlora kunden.
- Säljchefen kom och bad Kalle följa med honom in på sitt kontor.
- Kalle tittade inte ens åt mig och stormade ut, Johan fick flytta sig ur vägen.
- Johan sa inget mer, men tittade på mig och nickade innan han stängde dörren och gick.

Det kan vara svårt, speciellt i en situation som skapar en känslomässig låsning, att vara objektiv och saklig. Men poängen med det här steget är att försöka skala av känslorna (tillfälligt) och så gott det går bara ha med fakta kring varje steg i situationen som har hänt.

Exempel punkt 2 - blir sedan att knyta känslor till respektive händelse, också så gott det går. Det svåra här är att inte låta sig ryckas med och återuppleva varje känsla, utan att bara försöka minnas känslan eller känslorna i just den delen av situationen och namnge dem.

Samma lista en gång till, på ditt papper kanske den skulle stå i vänsterkolumnen och tilläggen skulle komma i högerkolumnen, men i exemplen nedan kommer tilläggen under *händelsen som står i kursiv text.*

- *Jag satt på min stol bakom skrivbordet och arbetade med ett informationsdokument.*
- Jag kände mig nöjd över hur bra dokumentet blev, väldigt omfattande men ändå enkelt att förstå och ta till sig. Kanske även lite stolt.

- *Kalle öppnade dörren utan att knacka och kom in på rummet utan att stänga dörren efter sig.*
- Jag kände mig förvånad och överrumplad, det kändes hotfullt och obehagligt, som om han invaderade min personliga sfär utan min tillåtelse.

- *Kalle var upprörd och sa med en hög röst med arg ton att jag hade förstört relationen till en av hans kunder genom mitt agerande.*
- Jag kände mig hotad och anklagad för något jag inte har gjort.

- *Jag frågade Kalle vilken kund det var han menade.*
- Jag var förvirrad för jag förstod inte vad det handlade om.

- *Han fräste åt mig att det borde jag minsann veta, så oansvarigt och slarvigt som jag hade hanterat kunden.*
- Jag kände att jag svek honom på något sätt, men blev mer förvirrad.

- *Jag sa inget och det blev några sekunders tystnad.*
- Det kändes som Kalle ville sätta dit mig och att han försökte sätta sig på mig, stå över mig och använda någon slags härskarteknik.

- *Johan knackade lätt på dörrkarmen och stack in huvudet och frågade vad som stod på.*
- Jag önskade att Johan kunde rädda mig ur situationen för jag kände mig hjälplös.

- *Kalle fortsatte högljutt och ilsket att berätta att jag hade underminerat honom hos en av hans största kunder när jag hade hjälpt till i ett supportärende och nu ville inte kunden handla av oss längre. Allting var mitt fel.*
- Jag kände mig fortfarande förvirrade och nu också förnedrad och underminerad. Arg över att han anklagade mig för saker.

- *Jag förstod vilken kund det handlade om och protesterade med att säga att allt jag hade gjort var att förmedla kontakten mellan tillverkaren och kunden eftersom vi inte hade kunskap internt att hjälpa kunden lösa problemet.*
- Det kändes skönt att äntligen förstå vad det handlade om, men jag kände mig också kränkt eftersom jag hanterat ärendet felfritt och lämnat efter mig en nöjd kund.

- *Kalle skrek på mig och sa att jag borde veta att vi aldrig låter våra kunder prata med leverantörerna.*
- Jag kände mig förminskad av Kalle och rädd för att Johan skulle tro på det Kalle sa.

- *Jag protesterade igen och sa att det händer ofta, speciellt vid svårlösta problem där vi själva saknar kompetens att lösa situationen.*
- Jag kände att jag var tvungen att försvara mig och visa att han hade fel. Men att det var orättvist eftersom jag inte hade gjort något fel.

- *Kalle sa till mig med en överlägsen ton att han i alla fall hade skickat ett mail till säljchefen och VD:n där han informerat om vad som hänt och tyckt att jag borde få sparken för att ha sett till att förlora kunden.*
- Jag blev osäker och rädd, tänk om jag faktiskt skulle få sparken, hur ska jag då kunna försörja familjen?

- *Säljchefen kom och bad Kalle följa med honom in på sitt kontor.*
- Jag hade en klump av oro i magen. Tänk om de faktiskt skulle ge mig sparken.

- *Kalle tittade inte ens åt mig och stormade ut, Johan fick flytta sig ur vägen.*
- En lättnad att Kalle försvann, men han lämnade kvar en olustig känsla efter sig. Jag kände mig väldigt osäker på mig själv och min kompetens.

- *Johan sa inget mer, men tittade på mig och nickade innan han stängde dörren och gick.*
- Oro över vad Johan tänker om mig och om han håller med Kalle?

213

Om du är uppmärksam ser du kanske att redogörelsen av känslorna inte är alltid direkta känslor, eller en känsla förklädd i andra ord. Det är helt okej, det viktiga är att skriva ned det som dyker upp inom dig. Det behöver inte på något vis vara perfekt eller exakt. Det är ingen prestige i detta, det viktiga är att du ger uttryck för det som dyker upp inom dig, även om det är i efterhand.

Jag lämnar exemplet ovan som helhet nu, eftersom det har fyllt sitt syfte i att beskriva hur du kan göra på ditt tvådelade papper. Några enstaka delar återanvänds vidare, för att framhålla någon viss detalj.

Steg 3 - Acceptans

Kan tyckas banalt, men är väldigt viktigt.

Nu ska du säga hej till alla dina känslor och reaktioner. Det handlar om att du ska se dem, acceptera dem och förstå att de är en del av dig. Välkomna dem precis som de är.

Det handlar inte om att värdera dem eller rationalisera dem, det är inget som är rätt eller fel, det är så du kände i den situationen som uppstod.

När du läser igenom dem igen och säger hej till var och en kanske du kan hitta saker som du inte först tänkte på:

- *Jag kände att jag var tvungen att försvara mig och visa att han hade fel. Men att det var orättvist eftersom jag inte hade gjort något fel.*

Här kanske du ser din heder (*tvungen att försvara mig*) och din yrkesstolthet (*inte hade gjort något fel*), ser du sådana saker i din egen beskrivning så får du gärna säga hej till din heder och din yrkesstolthet också.

Vill du kan du notera de känslorna vid sidan om också, men det är absolut inget tvunget.

Det viktigaste är att acceptera och omfamna dina känslor och välkomna dem som de är och det är också här du gör din störta vinst och som är styrkan i detta arbete, även om du så klart bör gå vidare i steg 4.

Steg 4 – hur känns det nu?

Hur känns det nu?

Troligen har du redan börjat sortera och bearbeta känslor och skaffat dig perspektiv på en del saker.

Om du inte har börjat sortera och bearbeta och skaffa dig perspektiv är det nästa steg i processen.

Det kan hjälpa dig att titta på dina känslor ur olika perspektiv:

- Vilka känslor är knutna till behov? Och vilka behov?
  Exempel:
  Jag hade en klump av oro i magen. Tänk om de faktiskt skulle ge mig sparken.
  Oron över att få sparken kan grunda sig i ett existentiellt behov av att ha mat på bordet och tak över huvudet, eller uttryckt på ett annat sätt: trygghet.

- Vilka känslor är knutet till dina värderingar? Och vilka värderingar?
  Exempel:
  Jag kände att jag var tvungen att försvara mig och visa att han hade fel. Men att det var orättvist eftersom jag inte hade gjort något fel.
  Att *göra så gott jag kan i alla situationer* är en grundläggande värdering hos mig, vilket gör att jag i ovan reaktion kan känna att min värdering är under "attack" och att jag behöver "försvara den".

Båda typerna ovan försöker berätta saker för dig när de uppkommer, och de som är knutna till behov är något du bör lyssna på och ta till dig, för att göra dig själv uppmärksam på dina behov, göra vad du kan för att få dem tillgodosedda (även om de kanske inte har med den egentliga situationen att göra) och också något du kan/bör kommunicera till andra (som heller kanske inte har med situationen att göra) runt dig för att skapa så bra förutsättningar som möjligt för dig att få dina behov tillgodosedda.

När det gäller värderingar så är det svårare (min personliga reflektion). En värderingskonflikt går inte alltid att lösa, och kan även vara svår att hitta kompromisser kring. Min erfarenhet är att det bästa är att enas kring att man har olika värderingar och respektera det och att det får vara en del av olikheterna inom en relation eller ett samarbete.

Andra typer av perspektiv.

- Vilket syfte fyller känslan i situationen?
  - o Syftar den till att få dig uppmärksam på något där och då för att du ska kunna agera på något sätt där och då?
  - o Är det en känsla av en annan typ som du stannar kvar hos dig efter situationen och något du bär med dig?

Känslor som syftar till att få dig att agera i en situation är oftast något som släpper på en gång efter situationen, men om det blir en känsla du bär med dig kan det få dig att grunna på om du gjort rätt eller fel i situationen. Känslor som är till för att få dig att agera i situationen är sådana du kan släppa taget om, även om du bär dem med dig.

Vad vill de andra typer av känslor förmedla till dig? Vad kan du själv göra dig medveten på kring de olika känslorna som du bär med dig? Vissa saker tillhör dig, de äger du, andra saker är kanske någon annans känsla som är överförd på dig inom situationen, är den då din att bära med dig?

217

Här ger jag inga skolboksexempel, men jag hoppas att detta vidgar dina vyer lite och att du får några fler perspektiv än du haft tidigare för att hantera dina känslor och nysta upp dem. Försök hela tiden hålla i tankarna att de känslor som dyker upp försöker förmedla något till dig, vad kan du göra för att lyssna till detta? Både i situationen (eller liknande situationer en annan gång) och i efterhand för att hjälpa dig mer långsiktigt.

Jag vill också nämna, mest som en parentes eftersom det inte har något med din upplevelse av situationen eller dina känslor i situationen att göra, men skulle Kalle eller Johan i exemplet ovan göra samma objektiva lista i steg 1 över samma tidsperiod och händelseförlopp som den som upplevde situationen skulle deras version troligen vara helt annan, trots att de också försökt beskriva den objektivt. Det innebär inte alls att personens upplevelse av situationen på något sätt är felaktig. Tyvärr innebär det inte heller att deras versioner är felaktiga. Men våra upplevelser, trots att vi försöker vara 100% objektiva, påverkas alltid av tidigare upplevelser, minnen och andra saker. Det är i vår natur och hur känslo- och minnesapparaten i hjärnan och kroppen funkar.

Jag nämner detta endast i korthet eftersom det finns spaltmeter skrivet kring ämnet, främst ur minnesforskning knutet till förhör och vittnesmål i brottsutredningar. Ett intressant ämne att fördjupa sig i kanske, men anledningen till att jag nämner det är att det kan vara bra att ha kännedom kring detta när det handlar om att möta andra människor i dialog, speciellt i efterhand kring en situation som påverkat dig negativt. Deras upplevelser är troligen något helt annat än din och deras handlingar kan ha varit oavsiktliga och där med är de omedvetna om hur de har påverkat dig.

I exemplet ovan skulle det kunna vara så att Kalles ilska över att ha förlorat en stor kund gör honom blind och att han inte alls inser konsekvenserna av sitt beteende, eller efter han lugnat ner sig kanske ens inser att han utsatt personen i fråga för något obehagligt.

Det är låst av okänd anledning

När det har låst sig och anledningen är okänd kan det vara lite svårare att förhålla sig till. Men det finns olika knep för att lyckas lirka loss lite även här.

Även om du kanske inte håller med den här bilden som målas upp nedan, försök att acceptera den för att sedan kunna gå vidare.

- När du tänker sker dina tankar i huvudet.
- När du känner händer dina känslor i bröstkorgen och magen.

En del upplever att det är precis så, andra upplever att det är på något helt annat sätt, och återigen, här är inget rätt eller fel, vi är olika och det är vår styrka som mänsklighet att vi är olika individer.

Men skulle du uppleva att det är på något annat sätt, använd ovan som bildligt talat, snarare än bokstavligt.

För att låsa upp det låsta känsloläget behöver du ta på dig rollen som fiskare. Sätt dig i en båt i dina tankar i huvudet, skjut ut båten ut till mitten av huvudet, så att du är rakt ovanför djupet av känslor nedanför dig.

Ta sedan ett fiskespö och kasta ner kroken, lite som djuphavsfiske, låt kroken sjunka långt ner till djupet av dina känslor.

Precis som vid fiske på riktigt är det inte alltid fisket ger napp, men ju fler gånger du fiskar, desto större är chanserna för att du får napp. Men fångsten i detta fiske är ingen fisk, utan snarare små lappar där det står skrivet namnet på en känsla som virvlar runt där nere i ditt känslodjup. Det kan finnas många lappar med samma känslonamn, så bli inte förvånad om du vid upprepade fiske får samma eller liknande fångst.

För varje napp du får, eller för varje lapp du fiskar upp, låt dina tankar omfamna det som står skrivet på lappen. Den känslan är en del av dig som virvlar runt där nere i djupet. Acceptera den känslan och gör dig själv medveten om den. Fundera sedan över vad den känslan försöker berätta för dig. Skulle det stå oro på lappen, vad försöker just den lappen med oro förmedla till dig? Två olika lappar med känslan oro kan förmedla olika saker. Men de kan också förmedla samma sak.

Ha gärna papper och penna tillgängligt när du sitter och fiskar, ibland kommer insikter flyktigt och det kan vara god idé att skriva ner dem för att sedan återgå till dem och reflektera över dem i lugn och ro.

Den här metoden kommer fungera för vissa och inte alls för andra, det är helt okej.

Poängen är att försöka lirka ut en känsla i taget ur den stora låsningen och bekanta sig med den. Hur du väljer att göra det är så klart helt upp till dig.

Tanken är också att ju fler känslor du lyckats lirka fram ur låsningen, desto färre saker är det kvar i låsningen och rätt som det är löses det låsta läget upp.

Metoden kan också användas även om du inte upplever något låst känsloläge utan vill bekanta dig med vad som finns inom dig i ditt känslodjup. Det är min övertygelse att vi alla har mycket att lära oss av det som finns där nere inom oss, och ingen annan än du själv sitter på dina egna svar, så det är upp till dig att hitta dem.

Det får mig att tänka på en sak som jag har hört och/eller läst för länge sedan, källa okänd. Skulle jag komma på var källan är så lägger jag en blänkare om det på min hemsida knutet till den här boken. Äras den som äras bör!

Äga dina känslor

Exemplet jag hörde och/eller läste, hämtat ur minnet, vilket gör att det kanske inte exakt motsvarar den versionen jag fick till mig, men så gott jag kan.

I något sammanhang i din vardag finns det en människa du stör dig på riktigt mycket. Det är en människa som trycker på alla dina knappar och kan få dig arg på nolltid. Dessutom är det en dryg människa också, en riktigt Messerschmitter (eller *besserwisser* som den människan skulle ha rättat dig att säga).

Du är ute och promenerar på stan och svänger in på en ganska trång gata som inte är speciellt välbesökt utan mest används av människor som vill ta en genväg och undvika folkvimlet på huvudgatan. Det finns bara en väg in och en väg ut och när du har gått nästan halva sträckan kommer den där jobbiga människan och svänger in på samma gata gåendes raket emot dig.

Det är helt uppenbart, du har blivit sedd, skulle du vända om hade det varit uppenbart att du försöker undvika personen i fråga, så du bestämmer dig för att bita i det sura äpplet och fortsätta gå, trots att du redan känner hur det börjar koka inom dig och du önskar att du slapp vara just här på denna plats tillsammans med den personen.

Men så, när ni kommer närmare varandra, strax innan ni kommer att mötas, så ser du, det *är* ju inte den människan, bara någon som är väldigt lik. Ni passerar varandra och efter ytterligare en liten bit är du ute ur på det stora promenadstråket igen.

Nu till poängen. Din bubblande ilska. Vems fel är den? Är det personen du nyss mötte? Som bara råkar vara lik en människa du inte gillar? Eller är det den personen som du faktiskt inte gillar som inte ens var på plats? Eller är det något som hände inom dig?

Jag vill minnas att poängen med historien var att påvisa att vi äger våra egna känslor, och om det nu inte var den ursprungliga poängen så är det i alla fall min poäng och mitt syfte just här och nu.

Känslor inom dig kan vara reaktioner på utomstående faktorer och/eller personer, men de är ändå dina känslor. Det är ingen annan som ansvarar för dem, eller som kan påverka dem, så vida inte du låter dem påverka dina känslor.

Som i exemplet på förra sidan, den personen som råkar vara lik en människa du inte tycker om kan ju på inget sätt påverka dina känslor, det är ju en för dig helt okänd människa. Ändå var det denna persons fysiska likhet med en annan människa som fick känslan att bubbla upp inom dig. På plats var du och en okänd människa. Du kände ilska. Den andra människan var troligen helt omedveten om detta. Och ännu mer omedveten om att den ilskan nästan var riktad mot sig själv, fast inte egentligen.

Så där står du kvar med din bubblande ilska inom dig och utan att ha någon att skylla den på. För känslan är din och bara din. Hur befogad ilskan än kan vara i situationer där du faktiskt träffar personen i fråga, så fyllde känslan på bakgatan ingen funktion i den situationen. Men du kan fortfarande lyssna till din känsla, den kan fortfarande berätta något för dig.

Och lite raljerande kan jag säga att så länge du inte lyssnar till vad känslan försöker säga till dig kommer den fortsätta upprepas i varje situation knutet till den människan, och inte nog med det, den kommer troligen hindra dig från att se och uppleva andra saker i de situationerna, saker som kanske skulle kunna ge dig andra perspektiv eller positiva upplevelser. Observera att detta är mitt perspektiv och inte något du behöver hålla med om, men lite grunden till varför jag valde att skapa den här boken.

Bli vän med dina känslor, lyssna till dem och låt dig berikas av de upplevelser som ligger framför dig.

Jag önskar dig allt gott och stort lycka till i ditt fortsatta arbete med dina känslor!

//Nalle

Min bonuskänsla _____

Vad händer i mig när känslan dyker upp?

_____

_____

_____

_____

_____

_____

_____

Hur påverkar känslan mitt beteende?

_____

_____

_____

_____

_____

Tycker jag om mitt beteende eller vill jag agera på något annat vis?

_____

_____

_____

_____

Vad är det bästa som skulle kunna hända om jag lyssnar på känslan och följer det den försöker förmedla till mig?

_____

_____

_____

_____

_____

_____

_____

_____

Vad är det sämsta som skulle kunna hända om jag lyssnar på känslan och följer det den försöker förmedla till mig?

_____

_____

_____

_____

_____

_____

_____

_____

_____

Vad händer om jag inte lyssnar på känslan och går emot det den försöker förmedla till mig?

_____

_____

_____

_____

_____

_____

_____

_____

Vad ska jag vara uppmärksam på och försöka göra nästa gång känslan dyker upp?

_____

_____

_____

_____

_____

_____

_____

I vilka situationer har känslan hittills dykt upp?

_____

_____

_____

_____

Vad kan jag göra för att påverka de situationerna?

_____

_____

_____

_____

Min bonuskänsla _____

Vad händer i mig när känslan dyker upp?

_____

_____

_____

_____

_____

_____

_____

Hur påverkar känslan mitt beteende?

_____

_____

_____

_____

_____

Tycker jag om mitt beteende eller vill jag agera på något annat vis?

_____

_____

_____

_____

Vad är det bästa som skulle kunna hända om jag lyssnar på känslan och följer det den försöker förmedla till mig?

_____

_____

_____

_____

_____

_____

_____

_____

Vad är det sämsta som skulle kunna hända om jag lyssnar på känslan och följer det den försöker förmedla till mig?

_____

_____

_____

_____

_____

_____

_____

_____

Vad händer om jag inte lyssnar på känslan och går emot det den försöker förmedla till mig?

_____

_____

_____

_____

_____

_____

_____

_____

Vad ska jag vara uppmärksam på och försöka göra nästa gång känslan dyker upp?

_____

_____

_____

_____

_____

_____

_____

I vilka situationer har känslan hittills dykt upp?

_____

_____

_____

_____

Vad kan jag göra för att påverka de situationerna?

_____

_____

_____

_____

Min bonuskänsla _____

Vad händer i mig när känslan dyker upp?

_____

_____

_____

_____

_____

_____

_____

_____

Hur påverkar känslan mitt beteende?

_____

_____

_____

_____

Tycker jag om mitt beteende eller vill jag agera på något annat vis?

_____

_____

_____

Vad är det bästa som skulle kunna hända om jag lyssnar på känslan och följer det den försöker förmedla till mig?

_____

_____

_____

_____

_____

_____

_____

_____

_____

Vad är det sämsta som skulle kunna hända om jag lyssnar på känslan och följer det den försöker förmedla till mig?

_____

_____

_____

_____

_____

_____

_____

Vad händer om jag inte lyssnar på känslan och går emot det den försöker förmedla till mig?

_____

_____

_____

_____

_____

_____

_____

Vad ska jag vara uppmärksam på och försöka göra nästa gång
känslan dyker upp?

_____

_____

_____

_____

_____

_____

_____

I vilka situationer har känslan hittills dykt upp?

_____

_____

_____

_____

Vad kan jag göra för att påverka de situationerna?

_____

_____

_____

_____

_____

Min bonuskänsla _____

Vad händer i mig när känslan dyker upp?

_____

_____

_____

_____

_____

_____

_____

Hur påverkar känslan mitt beteende?

_____

_____

_____

_____

_____

Tycker jag om mitt beteende eller vill jag agera på något annat vis?

_____

_____

_____

_____

Vad är det bästa som skulle kunna hända om jag lyssnar på känslan och följer det den försöker förmedla till mig?

_____

_____

_____

_____

_____

_____

_____

_____

_____

Vad är det sämsta som skulle kunna hända om jag lyssnar på känslan och följer det den försöker förmedla till mig?

_____

_____

_____

_____

_____

_____

_____

_____

Vad händer om jag inte lyssnar på känslan och går emot det den försöker förmedla till mig?

Vad ska jag vara uppmärksam på och försöka göra nästa gång känslan dyker upp?

_____

_____

_____

_____

_____

_____

_____

I vilka situationer har känslan hittills dykt upp?

_____

_____

_____

_____

Vad kan jag göra för att påverka de situationerna?

_____

_____

_____

_____

Min bonuskänsla _____

Vad händer i mig när känslan dyker upp?

_____

_____

_____

_____

_____

_____

_____

Hur påverkar känslan mitt beteende?

_____

_____

_____

_____

Tycker jag om mitt beteende eller vill jag agera på något annat vis?

_____

_____

_____

Vad är det bästa som skulle kunna hända om jag lyssnar på känslan och följer det den försöker förmedla till mig?

_____

_____

_____

_____

_____

_____

_____

_____

Vad är det sämsta som skulle kunna hända om jag lyssnar på känslan och följer det den försöker förmedla till mig?

_____

_____

_____

_____

_____

_____

_____

_____

Vad händer om jag inte lyssnar på känslan och går emot det den försöker förmedla till mig?

_____

_____

_____

_____

_____

_____

_____

_____

Vad ska jag vara uppmärksam på och försöka göra nästa gång känslan dyker upp?

_____

_____

_____

_____

_____

_____

_____

I vilka situationer har känslan hittills dykt upp?

_____

_____

_____

_____

_____

Vad kan jag göra för att påverka de situationerna?

_____

_____

_____

_____

_____

Min bonuskänsla _____

Vad händer i mig när känslan dyker upp?

_____

_____

_____

_____

_____

_____

_____

Hur påverkar känslan mitt beteende?

_____

_____

_____

_____

Tycker jag om mitt beteende eller vill jag agera på något annat vis?

_____

_____

_____

_____

Vad är det bästa som skulle kunna hända om jag lyssnar på känslan och följer det den försöker förmedla till mig?

_____

_____

_____

_____

_____

_____

_____

_____

Vad är det sämsta som skulle kunna hända om jag lyssnar på känslan och följer det den försöker förmedla till mig?

_____

_____

_____

_____

_____

_____

_____

_____

Vad händer om jag inte lyssnar på känslan och går emot det den försöker förmedla till mig?

_____

_____

_____

_____

_____

_____

_____

_____

Vad ska jag vara uppmärksam på och försöka göra nästa gång känslan dyker upp?

_____

_____

_____

_____

_____

_____

_____

I vilka situationer har känslan hittills dykt upp?

_____

_____

_____

_____

_____

Vad kan jag göra för att påverka de situationerna?

_____

_____

_____

_____

_____

Min bonuskänsla _____

Vad händer i mig när känslan dyker upp?

_____

_____

_____

_____

_____

_____

_____

Hur påverkar känslan mitt beteende?

_____

_____

_____

_____

_____

Tycker jag om mitt beteende eller vill jag agera på något annat vis?

_____

_____

_____

_____

Vad är det bästa som skulle kunna hända om jag lyssnar på känslan och följer det den försöker förmedla till mig?

_____

_____

_____

_____

_____

_____

_____

_____

_____

Vad är det sämsta som skulle kunna hända om jag lyssnar på känslan och följer det den försöker förmedla till mig?

_____

_____

_____

_____

_____

_____

_____

_____

Vad händer om jag inte lyssnar på känslan och går emot det den försöker förmedla till mig?

_____

_____

_____

_____

_____

_____

_____

Vad ska jag vara uppmärksam på och försöka göra nästa gång
känslan dyker upp?

_____

_____

_____

_____

_____

_____

_____

I vilka situationer har känslan hittills dykt upp?

_____

_____

_____

_____

Vad kan jag göra för att påverka de situationerna?

_____

_____

_____

_____

Min bonuskänsla _____

Vad händer i mig när känslan dyker upp?

_____

_____

_____

_____

_____

_____

_____

Hur påverkar känslan mitt beteende?

_____

_____

_____

_____

Tycker jag om mitt beteende eller vill jag agera på något annat vis?

_____

_____

_____

_____

Vad är det bästa som skulle kunna hända om jag lyssnar på känslan och följer det den försöker förmedla till mig?

_____

_____

_____

_____

_____

_____

_____

_____

Vad är det sämsta som skulle kunna hända om jag lyssnar på känslan och följer det den försöker förmedla till mig?

_____

_____

_____

_____

_____

_____

_____

Vad händer om jag inte lyssnar på känslan och går emot det den försöker förmedla till mig?

_____

_____

_____

_____

_____

_____

_____

Vad ska jag vara uppmärksam på och försöka göra nästa gång känslan dyker upp?

_____

_____

_____

_____

_____

_____

_____

I vilka situationer har känslan hittills dykt upp?

_____

_____

_____

_____

Vad kan jag göra för att påverka de situationerna?

_____

_____

_____

_____

Min bonuskänsla _____

Vad händer i mig när känslan dyker upp?

_____

_____

_____

_____

_____

_____

_____

Hur påverkar känslan mitt beteende?

_____

_____

_____

_____

_____

Tycker jag om mitt beteende eller vill jag agera på något annat vis?

_____

_____

_____

_____

Vad är det bästa som skulle kunna hända om jag lyssnar på känslan och följer det den försöker förmedla till mig?

_____

_____

_____

_____

_____

_____

_____

Vad är det sämsta som skulle kunna hända om jag lyssnar på känslan och följer det den försöker förmedla till mig?

_____

_____

_____

_____

_____

_____

_____

_____

Vad händer om jag inte lyssnar på känslan och går emot det den försöker förmedla till mig?

_____

_____

_____

_____

_____

_____

_____

_____

Vad ska jag vara uppmärksam på och försöka göra nästa gång känslan dyker upp?

_____

_____

_____

_____

_____

_____

_____

_____

I vilka situationer har känslan hittills dykt upp?

_____

_____

_____

_____

Vad kan jag göra för att påverka de situationerna?

_____

_____

_____

_____

Min bonuskänsla _____

Vad händer i mig när känslan dyker upp?

_____

_____

_____

_____

_____

_____

_____

Hur påverkar känslan mitt beteende?

_____

_____

_____

_____

_____

Tycker jag om mitt beteende eller vill jag agera på något annat vis?

_____

_____

_____

_____

Vad är det bästa som skulle kunna hända om jag lyssnar på känslan och följer det den försöker förmedla till mig?

_____

_____

_____

_____

_____

_____

_____

_____

Vad är det sämsta som skulle kunna hända om jag lyssnar på känslan och följer det den försöker förmedla till mig?

Vad händer om jag inte lyssnar på känslan och går emot det den försöker förmedla till mig?

Vad ska jag vara uppmärksam på och försöka göra nästa gång känslan dyker upp?

_____

_____

_____

_____

_____

_____

_____

I vilka situationer har känslan hittills dykt upp?

_____

_____

_____

_____

Vad kan jag göra för att påverka de situationerna?

_____

_____

_____

_____